MAJORI SILVA

ILUSTRAÇÕES
EDUARDO VETILLO

TUBMAN
Harriet Tubman

1ª edição – Campinas, 2022

"Todo grande sonho começa com um sonhador. Lembre sempre, você tem uma força interna, a paciência, e a paixão para alcançar as estrelas para mudar o mundo."
(Harriet Tubman)

M•STARDA
EDITORA

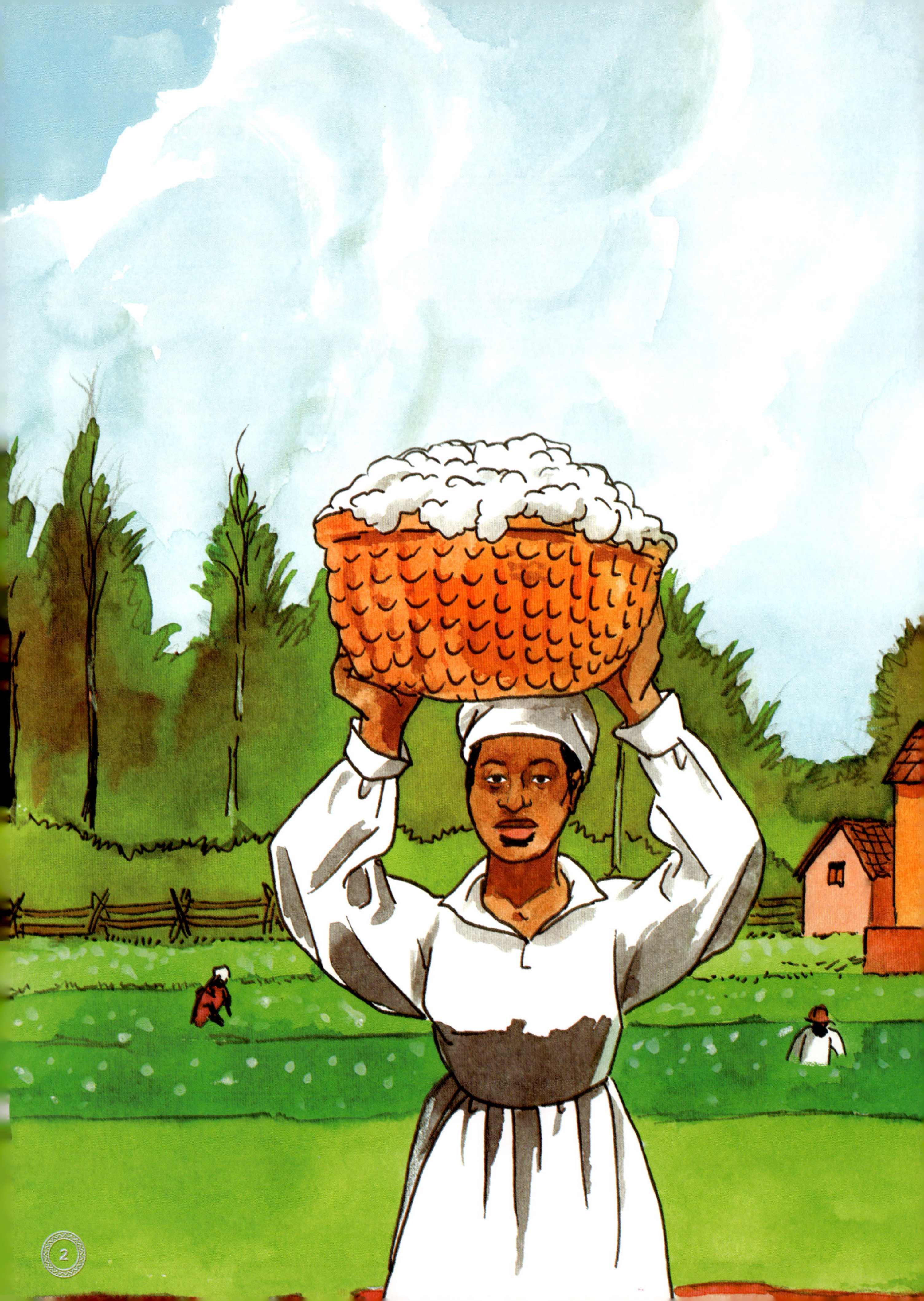

A escravidão no Brasil e no mundo apagou a história de muitas pessoas. Em condições sub-humanas, tratadas como mercadorias, mais de 12 milhões de pessoas foram retiradas do continente africano e levadas para a América.

Esta história de resistência é sobre Araminta Ross, filha de Harriet Green e Ben Ross. Não são conhecidos o local e a data do seu nascimento, mas é provável que ela tenha nascido em 1822, no Condado de Dorchester, no estado de Maryland, nos Estados Unidos.

A menina e seus oito irmãos nasceram como escravizados. Minty, como era chamada, trabalhou desde muito cedo e ainda criança cuidava de seus irmãos. Contam que, quando algumas de suas irmãs foram vendidas, ela subiu numa cerca e chorou bastante ao demonstrar sua tristeza.

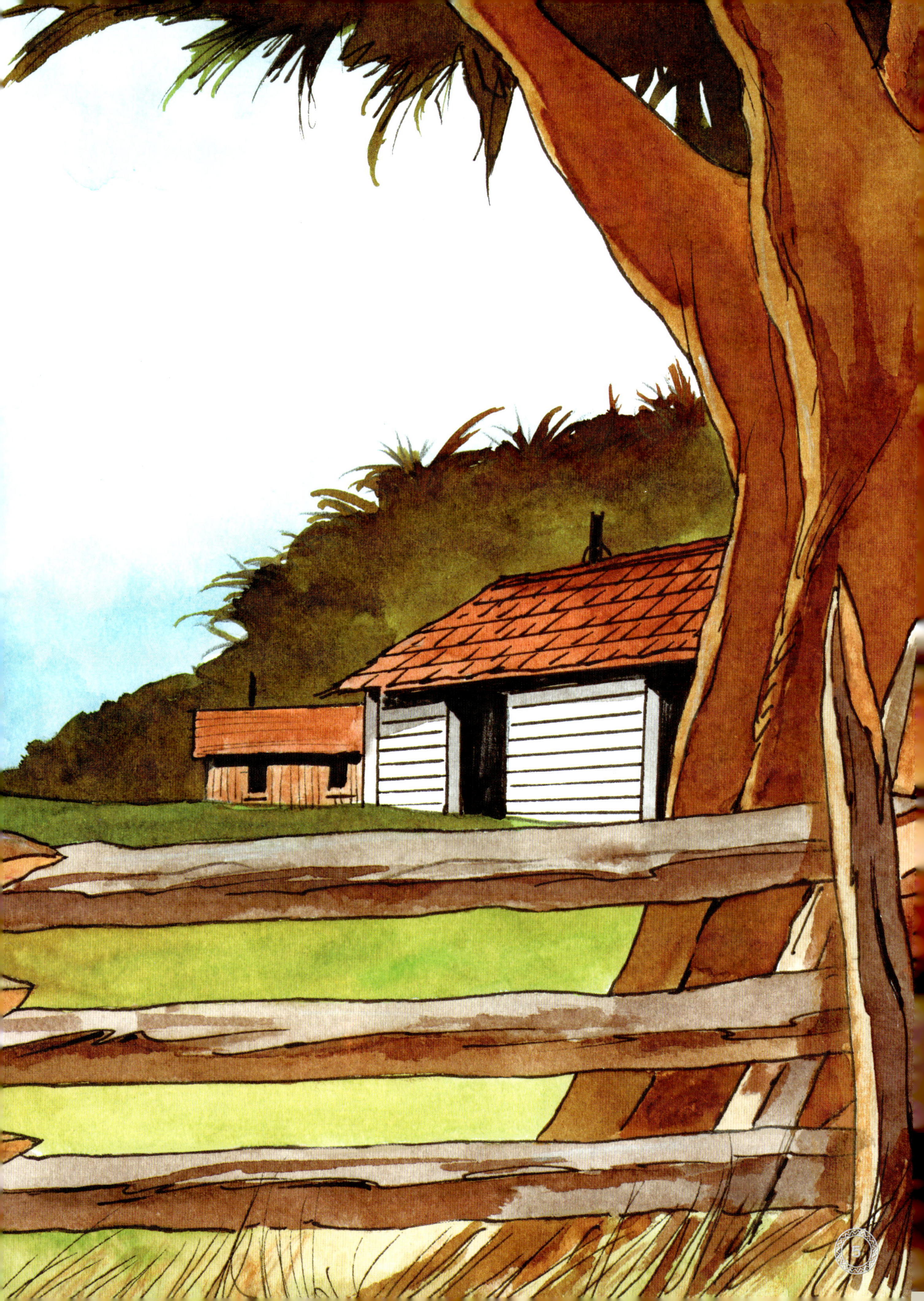

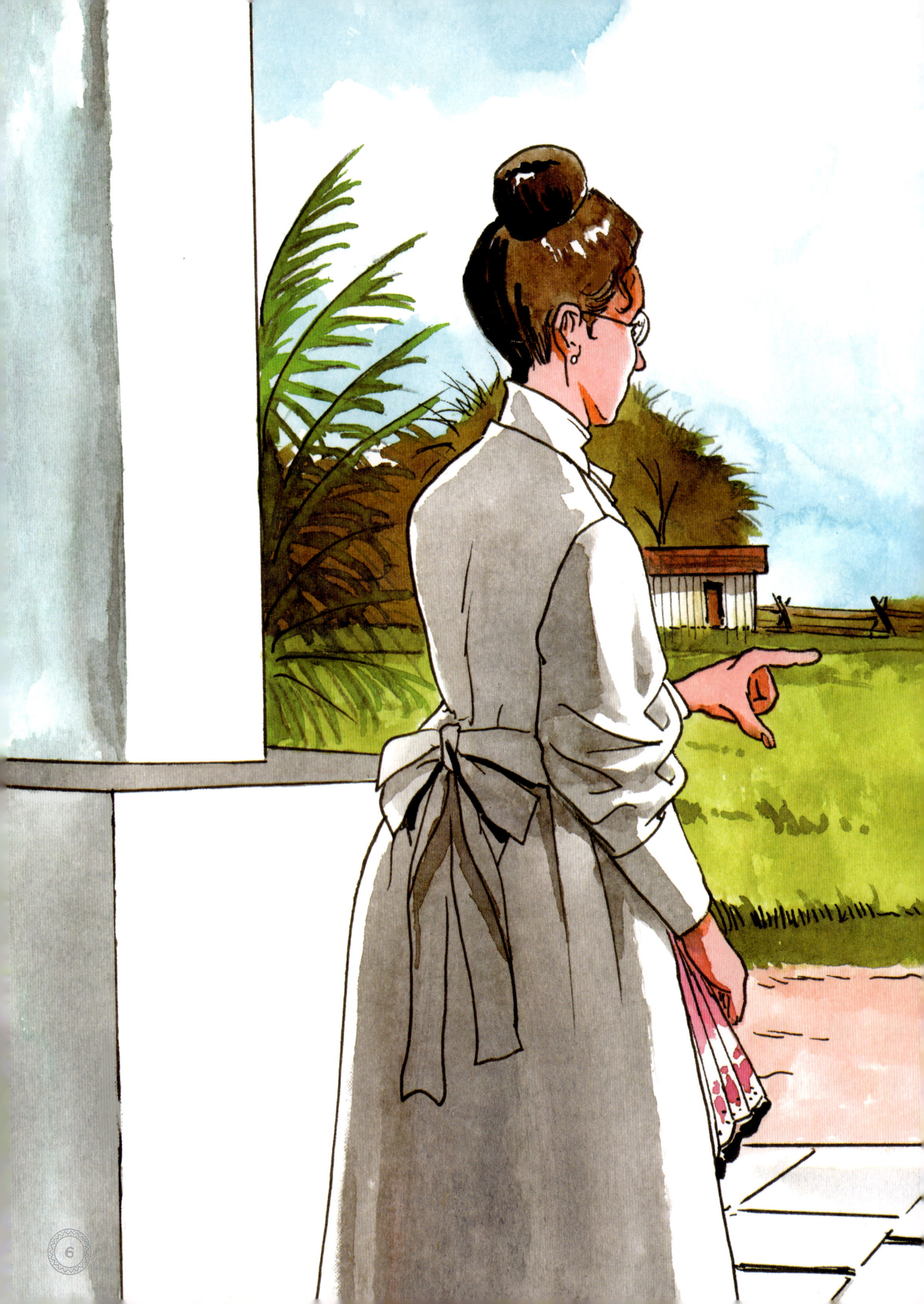

Com apenas 6 anos, Minty foi alugada para cuidar de um bebê. Ela deveria balançá-lo, inclusive durante a noite, para que o bebê não incomodasse a mãe. Quando isso acontecia, Minty era castigada, criando feridas físicas e emocionais.

Aos 12 anos, ordenaram a Minty que ela amarrasse um homem para ser açoitado. A menina se recusou e ficou na porta vigiando enquanto o homem fugia. O capataz, querendo atingir o fugitivo, lançou um peso de ferro que acabou acertando a cabeça da menina.

A lesão fez com que Minty tivesse tontura, dores de cabeça e muito sono o tempo todo, mesmo enquanto estava trabalhando. Depois do ocorrido, sua saúde nunca mais foi a mesma, e ela passou a ter crises de desmaios e convulsões.

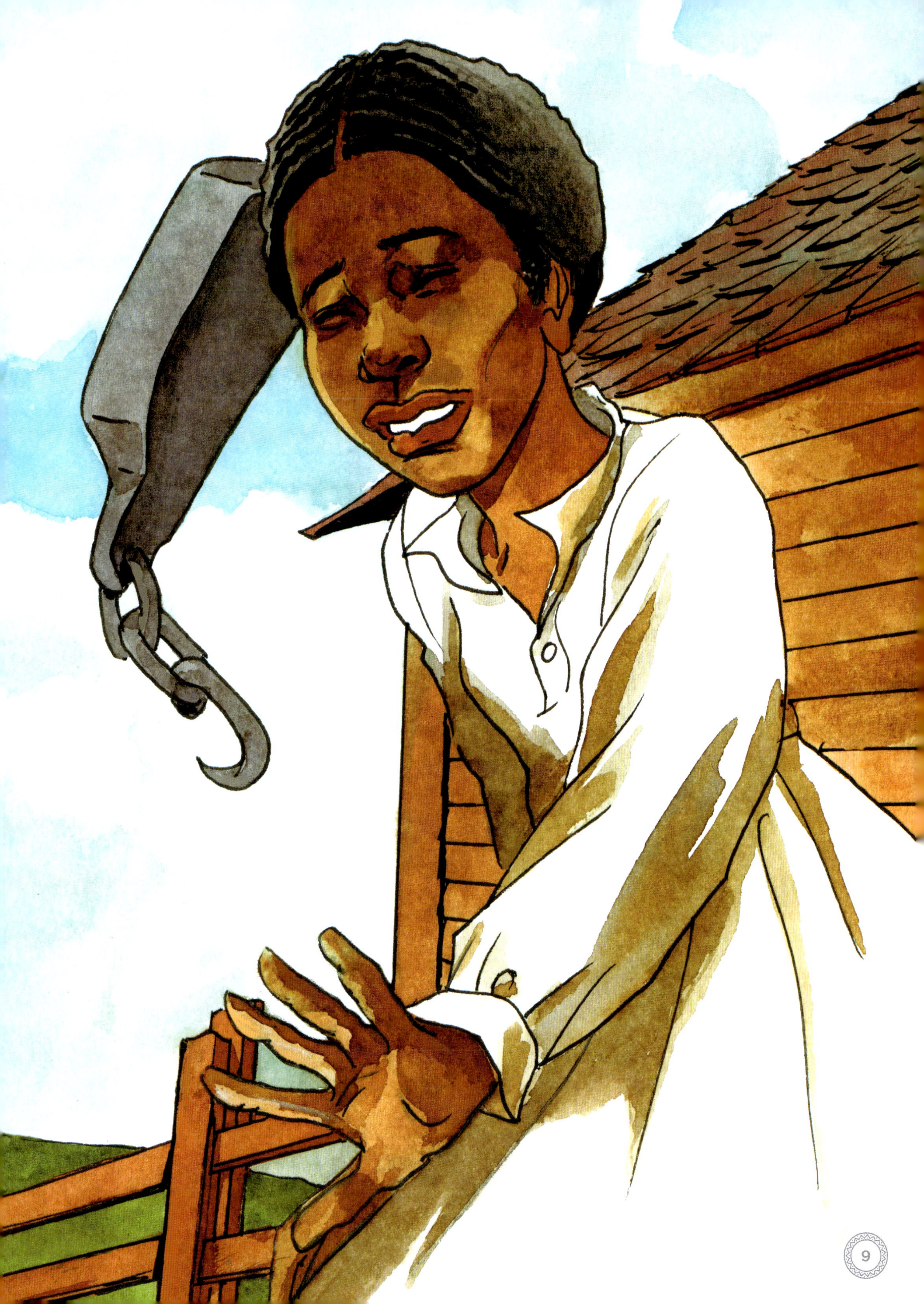

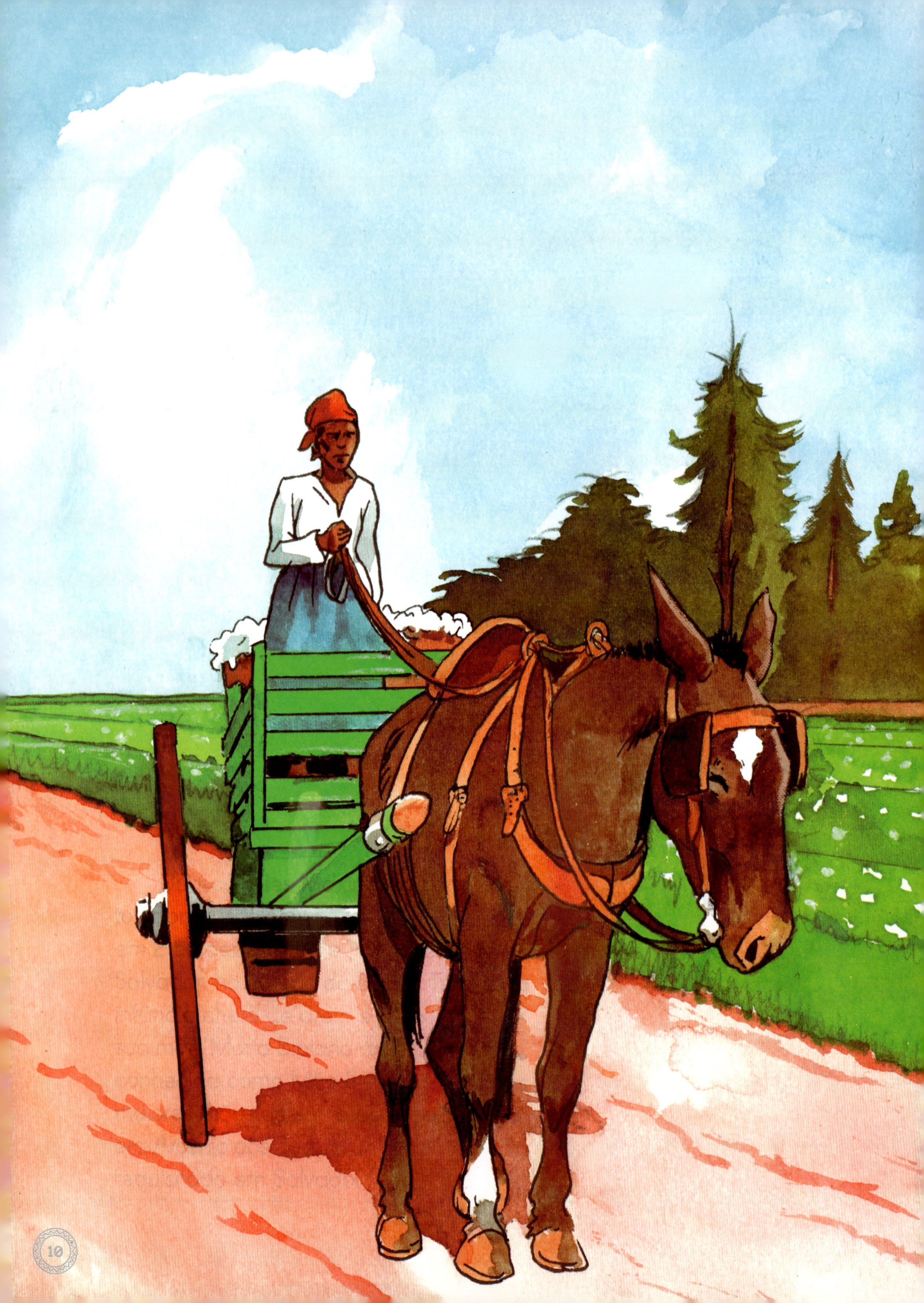

Conforme crescia, Minty era designada para outros trabalhos, como conduzir bois, arar a terra e carregar troncos.

Quando completou 24 anos, casou-se com um homem negro livre chamado John Tubman. Minty adotou o sobrenome do marido e, mais tarde, decidiu mudar o primeiro nome em homenagem à mãe. Assim, Araminta Ross passou a se chamar Harriet Tubman.

Algum tempo depois, Harriet ouviu rumores de que ela e dois dos seus irmãos seriam vendidos para outras fazendas. Naquela época, os estados do Norte do país investiam em fábricas e precisavam de trabalhadores livres, pois não utilizavam mão de obra escravizada, ao contrário dos estados do Sul, que tinham a economia baseada na agricultura e na escravidão.

Harriet sabia pouco sobre os estados do Norte, mas acreditava que lá teria proteção e dignidade. Então, convenceu seus dois irmãos a fugirem com ela.

Eles não podiam contar seus planos para ninguém, mas queriam se despedir dos amigos e da família. Harriet foi até o local onde seus pais dormiam e cantou para que os capatazes não desconfiassem:

"Quando essa velha carruagem chegar,
Terei deixado vocês.
Estou indo para a terra prometida,
Amigos, deixarei vocês.
Eu sinto muito por deixar vocês,
Até mais, até mais!
Mas encontrarei vocês pela manhã
Do outro lado do Jordão.
Meu destino é a terra prometida,
Até mais, até mais!"

Os três fugiram no meio da noite. Os irmãos de Harriet logo ficaram com medo e decidiram voltar para a fazenda. Corajosa, Harriet seguiu sozinha. Ela viajou por muitos quilômetros utilizando a Ferrovia Subterrânea que, na verdade, não era uma ferrovia, mas um grupo de pessoas que ajudava os escravizados a escaparem para o Norte por meio de caminhos secretos.

A Ferrovia Subterrânea tinha esse nome para despistar os perseguidores. Quem utilizava as rotas clandestinas recebia abrigo e apoio de ex-escravizados e de pessoas que eram contra a escravidão. O caminho era longo e perigoso.

Finalmente Harriet chegou à Filadélfia, onde a escravidão já havia sido abolida, e começou a trabalhar para sobreviver. Parecia um mundo perfeito. A tão sonhada liberdade! No entanto, a lembrança daqueles que tinham ficado para trás sempre vinha à tona. Pensava em sua família e em seus amigos que ainda eram vítimas da escravidão. Mesmo livre, Harriet estava sozinha.

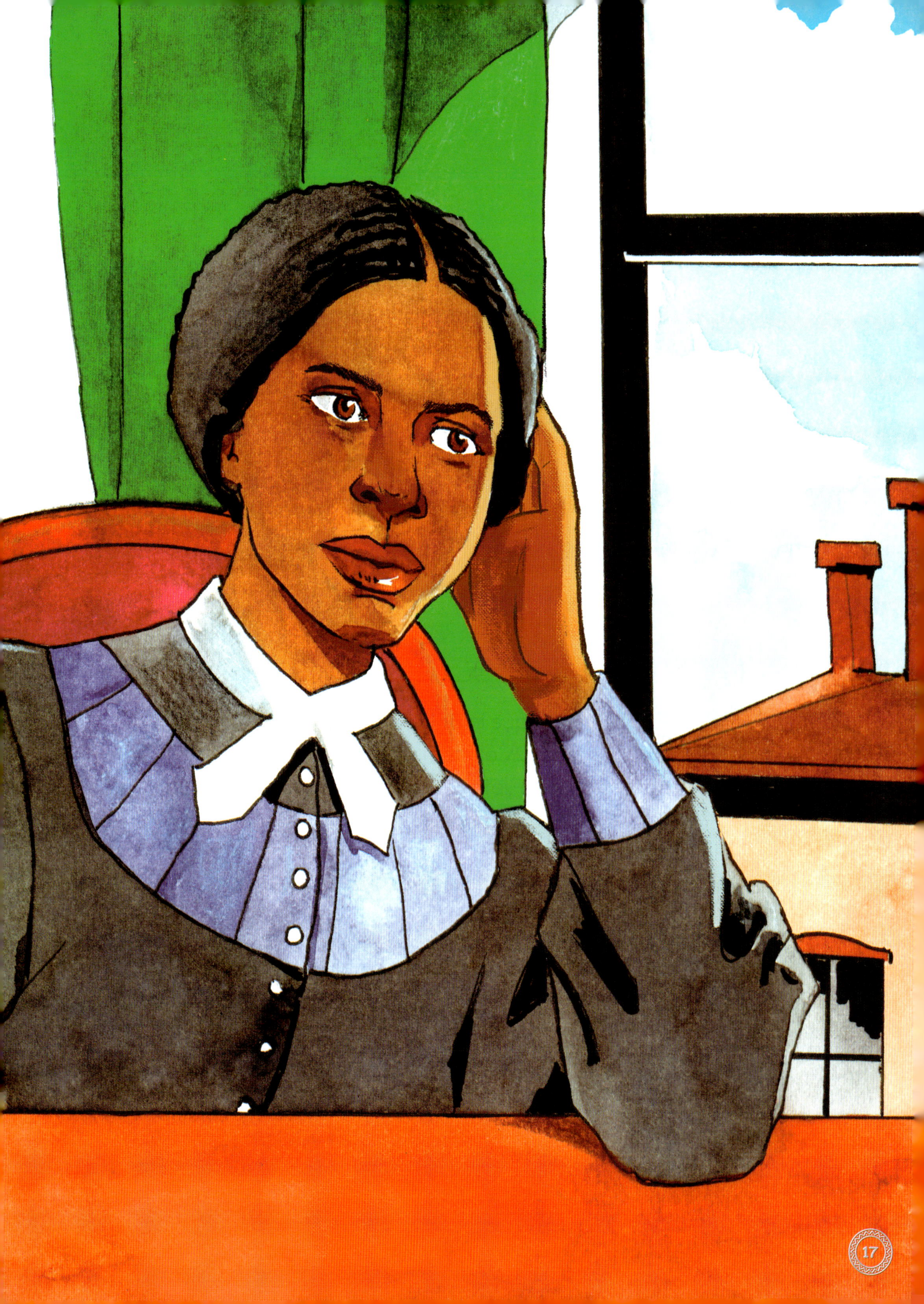

No final de 1850, Harriet decidiu voltar para o Sul e resgatar suas sobrinhas, que logo seriam vendidas. Essa foi a primeira das 19 missões que realizou para resgatar cerca de 300 pessoas. Nunca falhou em nenhuma delas. Harriet se tornou uma das pessoas mais ativas da Ferrovia Subterrânea, a rota secreta para a liberdade.

Ela sempre usava assobios e canções para se comunicar com os grupos sem ser identificada por capatazes. Quando precisava levar mães com crianças de colo, os bebês eram colocados em cestos para que ninguém escutasse caso eles chorassem. Se no trajeto faltasse comida, deixava os fugitivos escondidos na mata e ia até a cidade mais próxima em busca de alimento.

Em 1851, Harriet retornou a Dorchester para encontrar o marido. Contudo, John havia se casado com outra mulher.

Com muitos escravizados conseguindo fugir, cartazes com a descrição de Harriet foram espalhados pelas cidades oferecendo uma alta recompensa por sua cabeça. Ela não parou e ficou conhecida como "Moisés de seu povo".

As condições de resgate eram difíceis, mas tudo ficou ainda mais complicado quando surgiu a "Lei do Escravo Fugitivo". A lei permitia que trabalhadores fugitivos no Norte fossem capturados e novamente escravizados. Isso exigiu que Harriet levasse as pessoas escravizadas para o Canadá (parte da Província do Canadá havia abolido a escravidão pela Lei de Abolição da Escravatura de 1833), viajando à noite e geralmente durante a primavera e o outono, quando os dias são mais curtos.

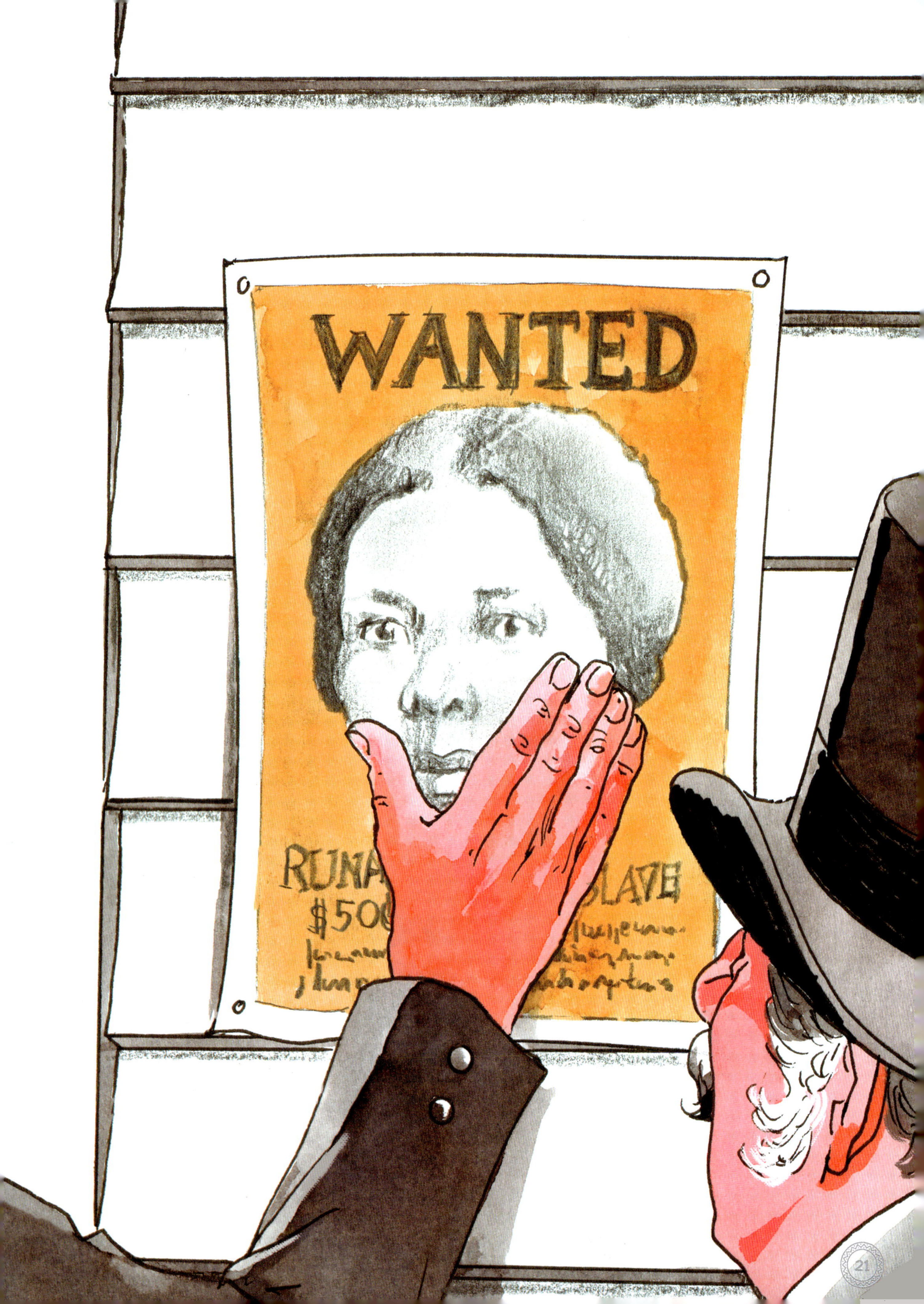
WANTED

Entre 1861 e 1865 ocorreu a Guerra Civil Americana, em que os estados do Norte, que formavam a União, lutaram contra os estados do Sul, os Confederados. Harriet foi recrutada para ajudar fugitivos escravizados. Ela trabalhou como enfermeira, cozinheira, lavadeira e usou seus conhecimentos para cuidar de doentes.

23

Em 1863, Harriet se tornou chefe de uma rede de espionagem para o exército da União, fornecendo informações cruciais aos comandantes sobre as rotas e as tropas. Assim, ajudou a liberar pessoas escravizadas para formar grupos da União Negra.

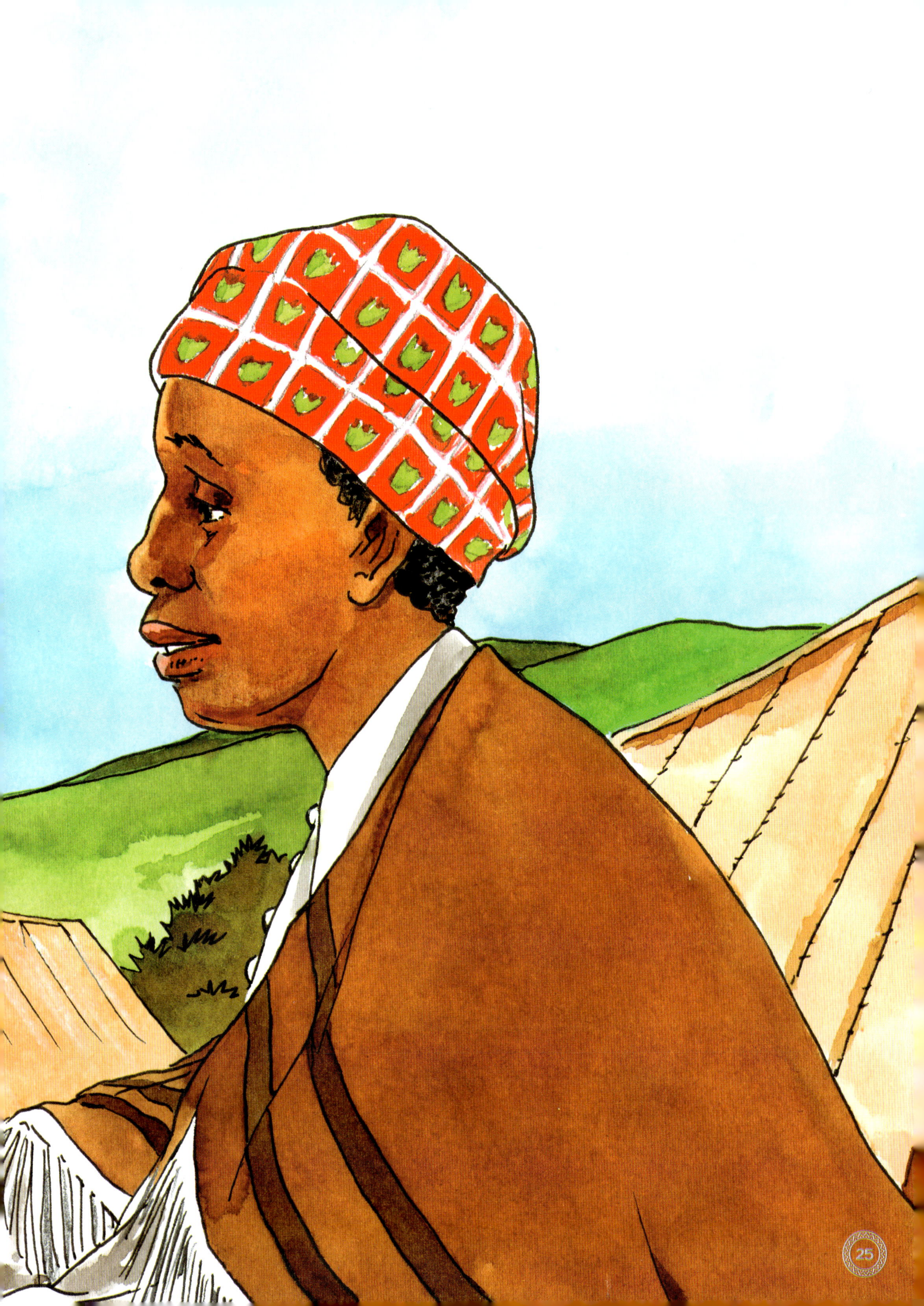

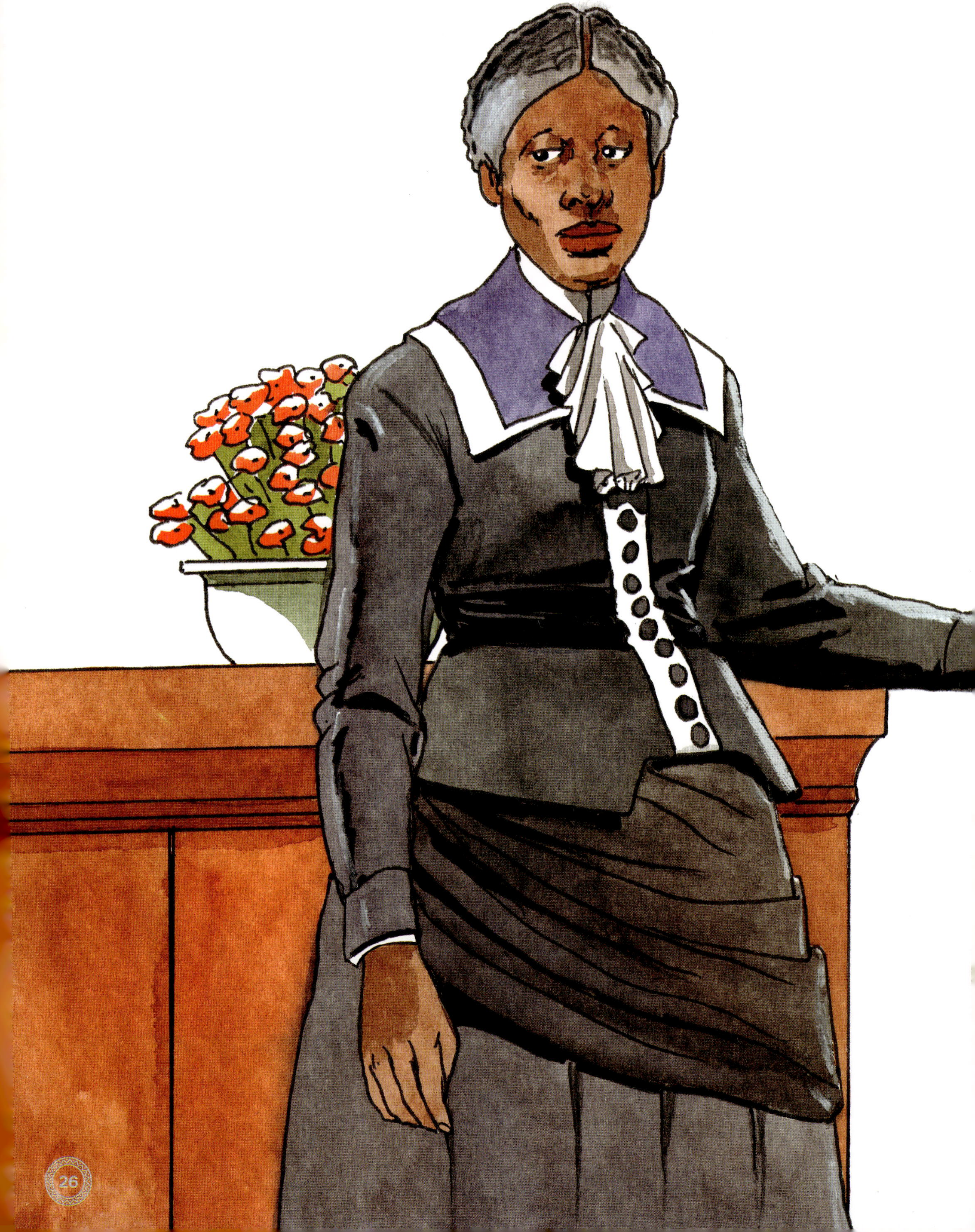

Com o final da guerra, casou-se novamente (seu antigo marido havia morrido), adotou uma menina chamada Gertie e viveu em Nova Iorque. Mesmo sem ter aprendido a ler, viajou para diversos estados para falar em nome do movimento sufragista feminino, que defendia o direito de voto das mulheres.

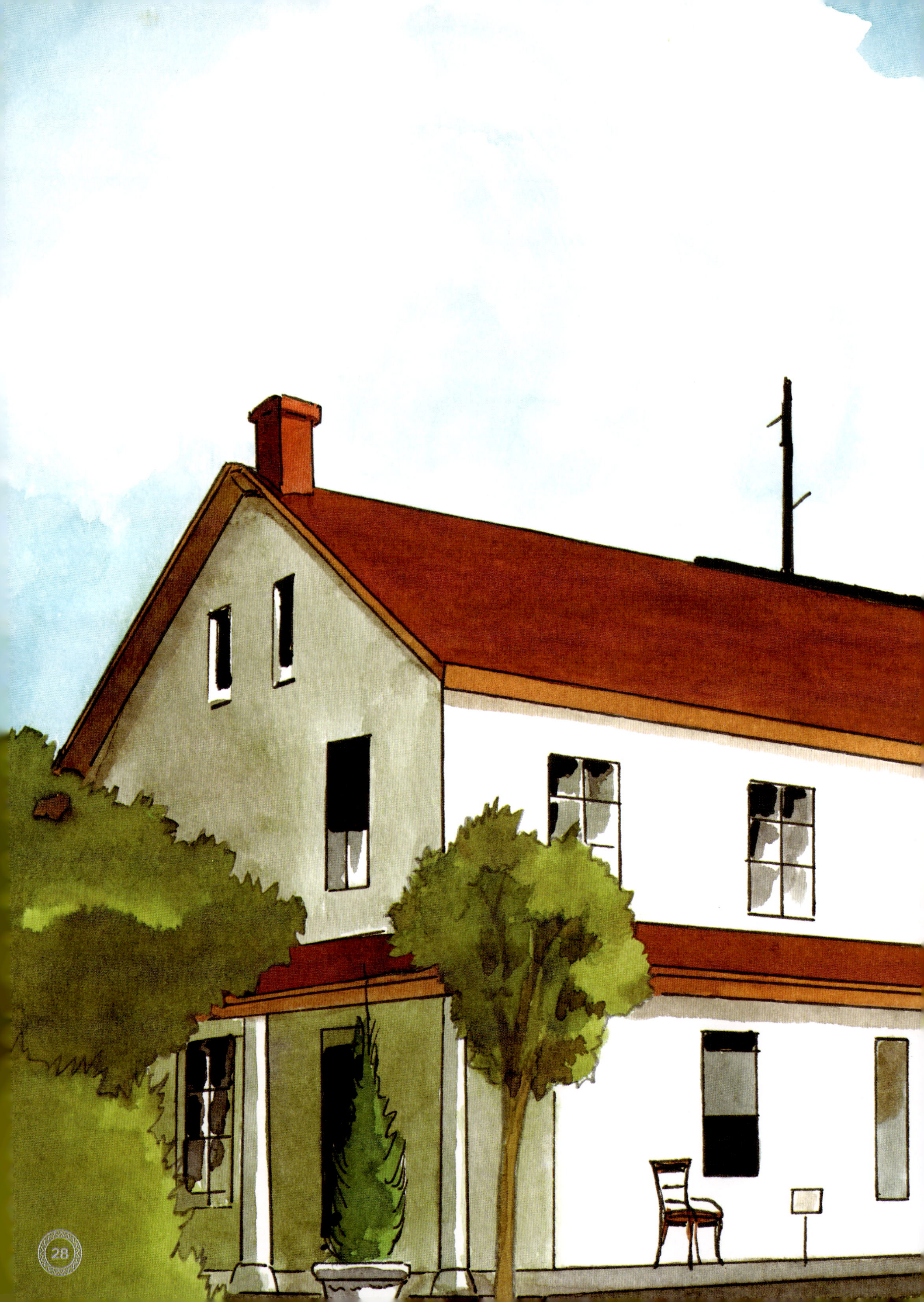

Harriet comprou um terreno em Auburn, no estado de Nova Iorque, onde criou um lar para idosos. O ferimento em sua cabeça a atormentou durante toda a vida. Ela passou por cirurgias para aliviar os sintomas, mas sua saúde não era das melhores. Em 1911, mudou-se para a casa de repouso e, em 1913, morreu de pneumonia.

Em 2016 foi anunciado que a imagem de Harriet estamparia a nova cédula de 20 dólares. O projeto foi barrado e adiado para 2026. Em 2019, a vida dessa heroína norte-americana foi contada no filme "Harriet".

Harriet Tubman tinha pouco mais de um metro e meio de altura, mas foi uma gigante da liberdade. Seu legado segue eternizado e inspira homens e mulheres que lutam para mudar a história.

Querido leitor,

A editora MOSTARDA é a concretização de um sonho. Fazemos parte da segunda geração de uma família dedicada aos livros. A escolha do nome da editora tem origem no que a semente da mostarda representa: é a menor semente da cadeia dos grãos, mas se transforma na maior de todas as hortaliças. Nossa meta é fazer da editora uma grande e importante difusora do livro, transformando a leitura em um instrumento de mudança na vida das pessoas, desconstruindo barreiras e preconceitos. Entre os principais temas abordados nas obras estão: inclusão, diversidade, acessibilidade, educação e empatia. Acreditamos que o conhecimento é capaz de abrir as portas do pensamento rumo a uma sociedade mais justa. Assim, nossos valores estão ligados à ética, ao respeito e à honestidade com todos que estão envolvidos na produção dos livros e com os nossos leitores. Então, vamos juntos regar essa semente?

Pedro Mezette
CEO Founder
Editora Mostarda

EDITORA MOSTARDA
WWW.EDITORAMOSTARDA.COM.BR
Instagram: @EDITORAMOSTARDA

© Majori Silva, 2022

Direção:	Pedro Mezette
Coordenação:	Andressa Maltese
Produção:	A&A Studio de Criação
Texto:	André Augustus Diasz
	Cássia Valle
	Flávia Martins de Carvalho
	Francisco Lima Neto
	Júlio Emílio Braz
	Luciana Palmeira
	Majori Silva
	Marcos Cajé
	Mario Aranha
	Orlando Nilha
Revisão:	Beatriz Novaes
	Elisandra Pereira
	Marcelo Montoza
	Mateus Bertole
	Nilce Bechara
Diagramação:	Ione Santana
	Igor S. Lima
Ilustração:	Aline Terranova
	Anderson Santana
	Bárbara Ziviani
	Eduardo Vetillo
	Felipe Bueno
	Henrique S. Pereira
	Jefferson Silva
	Leonardo Malavazzi

Dados Internacionais de Catalogação na Publicação (CIP)
(Câmara Brasileira do Livro, SP, Brasil)

```
Silva, Majori
    Harriet : Harriet Tubman / Majori Silva. --
1. ed. -- Campinas, SP : Editora Mostarda, 2022.

    ISBN 978-65-88183-95-3

    1. Abolicionistas - Estados Unidos - Biografia -
Literatura infantojuvenil 2. Africano-americanos -
Biografia - Literatura infantojuvenil 3. Escravos -
Estados Unidos - Biografia - Literatura
infantojuvenil 4. Tubman, Harriet, 1822-1913 -
Literatura infantojuvenil I. Título.

22-132490                               CDD-028.5
```

Índices para catálogo sistemático:

```
1. Harriet Tubman : Biografia : Literatura infantil
    028.5
2. Harriet Tubman : Biografia : Literatura
    infantojuvenil   028.5

Cibele Maria Dias - Bibliotecária - CRB-8/9427
```

Nota: Os profissionais que trabalharam neste livro pesquisaram e compararam diversas fontes numa tentativa de retratar os fatos como eles aconteceram na vida real. Ainda assim, trata-se de uma versão adaptada para o público infantojuvenil que se atém aos eventos e personagens principais.